El latir de UN VERSO

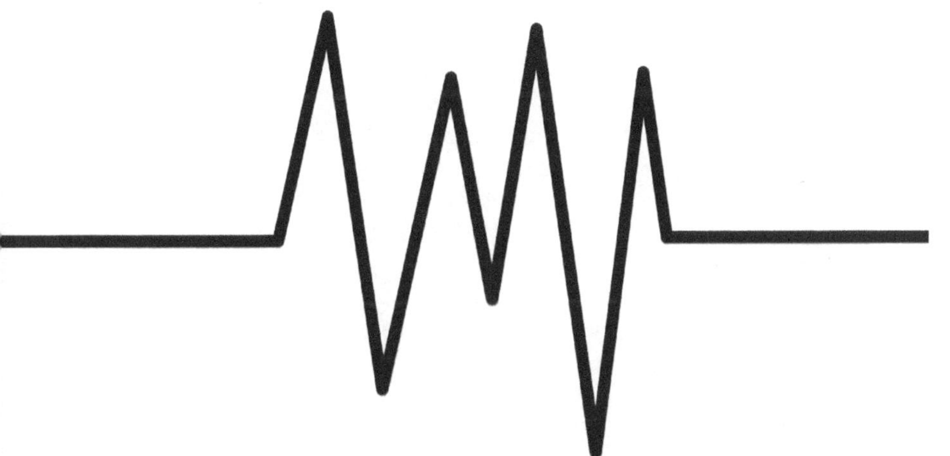

Tabla de contenido

Tabla de contenido

Un Poeta

Un poeta es capaz,
de descifrar la sonrisa;
no yendo de prisa,
sino observando en la paz.

Un poeta tiene el arte,
de transportar tu corazón;
y con toda la emoción,
llevar tu alma a Marte.

Un poeta puede hablar,
lo que otros no quieren;
no dudando si pueden,
pero prefieren callar.

Un poeta siempre busca,
plasmar en letras lo que siente;
y realmente nunca miente,
aunque lo diga de la forma mas brusca.

Un poeta no puede encontrar,
ese punto donde se termine de conocer;
y aunque volviera a nacer,
su mayor objetivo es amar.

El latir de UN VERSO

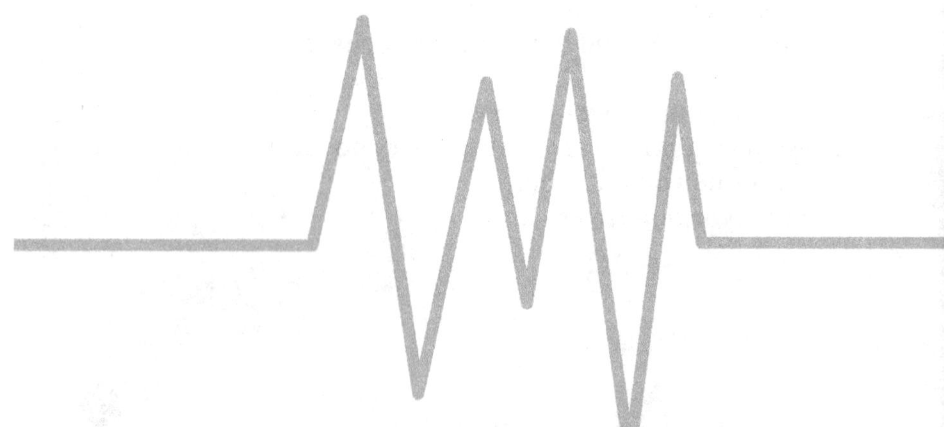

Me Gustas

Me gusta ver la lluvia deslizarse en mi ventana,
así como tus palabras que resbalan por mi alma;
caminando suavemente y penetrando tan profundo,
que cuando no estás conmigo me siento moribundo.

Me gusta tu silencio, cuando concentras tu mirada,
en mis ojos fijamente y nada en el mundo nos separa;
mis pupilas se dilatan al tenerte de frente,
porque estoy seguro que contigo soy más fuerte.

Me gusta la forma de recorrer entre tu piel,
con caricias que aseguras son más dulces que la miel;
llegar a tus labios y habitarlos tanto tiempo,
hasta que llega ese punto, en el que despierto.

Se acaba el sueño y vuelvo al mundo real,
no encuentro luz de alguien que sea leal;
no veo esperanza cuando hay tanto dolor,
pero la recupero cuando recuerdo tu olor.

Espero acelerar con ansias la rutina diaria,
no quiero seguir en una situación tan precaria;
regresar a casa luego de tanto misterio,
ya que, por verte, cruzaría el hemisferio.

Me relajo nuevamente y comienzo a soñar,
llegas otra vez y te empiezo a acariciar;
pero en algún momento tendré que despertar,
me pregunto porque me tuviste que gustar.

No sé en qué momento se convirtió en masoquismo,
pero yo prefiero permanecer en este abismo;
en el que tu mirada solo en mi incrustas,
y no puedo decir más que... Me gustas.

El latir de UN VERSO

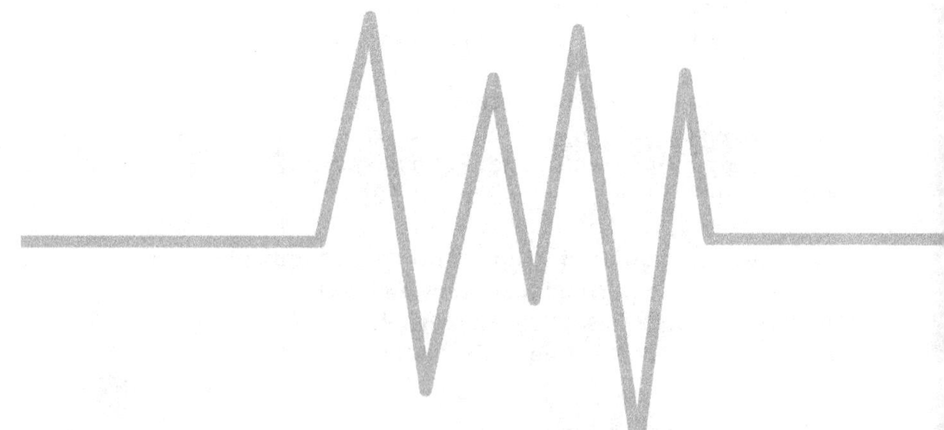

Compañía

A pasos lentos bajo el firmamento,
que con sus estrellas envuelve mis temores;
de un año nuevo con metas mejores,
puedo ver atrás y decirme: lo siento.

Lo siento por cargar un peso incargable,
de un sentimiento profundo en tinieblas;
pero una voz dice: la esperanza no pierdas,
vas a poder manejar lo inmanejable.

Enjambre de abejas en mi mente,
mientras esa voz poco a poco la ordena;
quitando totalmente la pena,
de lo que hay en un corazón que si siente.

Puedo descubrir algo diferente,
de un vinculo perfectamente imperfecto;
a pesar de que el otro también tiene defecto,
la carga a su lado ya no se siente.

Como un general que llama a la caballería,
hay algo que el corazón necesita cada día;
que se define con una palabra... Compañía.

El latir de
UN VERSO

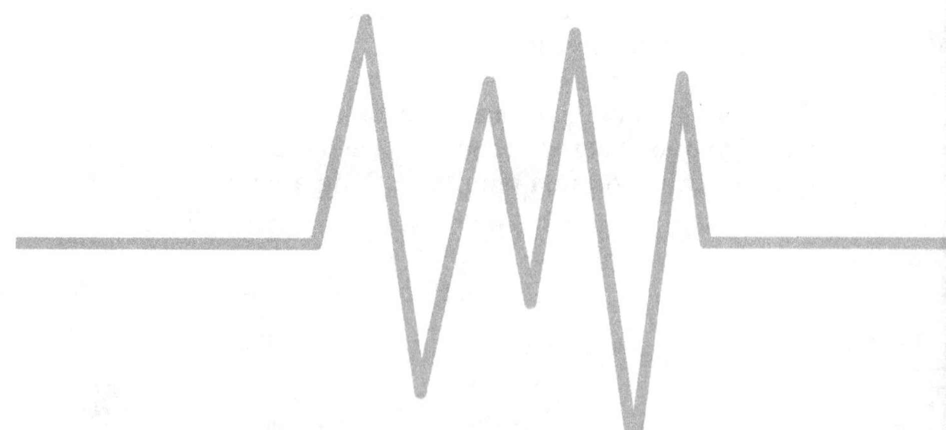

Volar

A veces es difícil escribir entre versos,
ciertas emociones totalmente indescriptibles;
la tristeza de planes que no fueron posibles,
o la magia que existe entre los besos.

El llanto amargo de un niño en soledad,
o su sonrisa cuando lo llegan a consolar;
el abandono de alguien quien contigo no pudo velar,
o el abrazo de una persona que te ama de verdad.

Las emociones nos atacan cada día,
pueden ser positivas o negativas;
pero las conoces, de tu alma son nativas,
y la vida en ese tren es una maravilla.

Ves algo que sale mal y una puerta se cierra,
pero a su vez te deja ver a los lados;
con mas posibilidades de comerte el mundo a bocados,
que te hacen superarte y subir cualquier sierra.

Cada día podemos recorrer el sistema solar,
amando y amando sin dejar de amar,
haciendo lo posible... Por empezar a volar.

El latir de UN VERSO

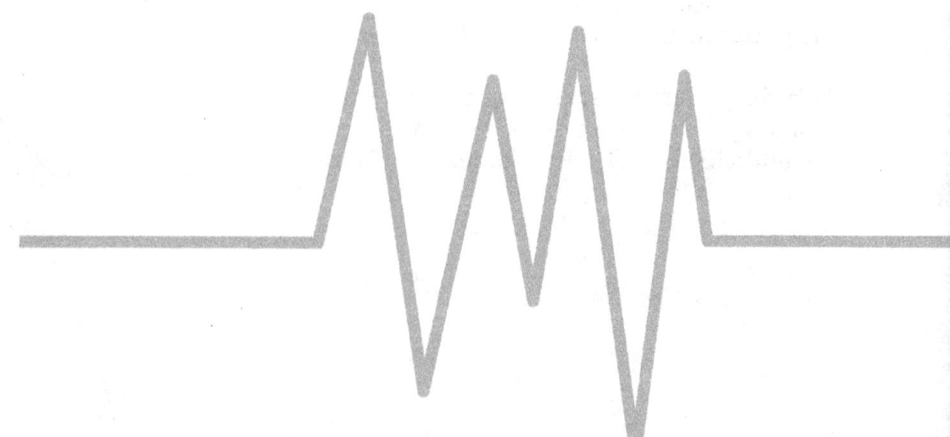

Eso y más

Pocas veces deseo volver a escribir,
ya que sobran razones, pero faltan motivos;
pues una razón es que estamos vivos,
pero un motivo es querer vivir.

Más cuando tomo mi lápiz no paro,
y deseo hablar de quienes amo;
tratando de honrar a quien me da la mano,
tratando de honrar aquello más caro.

Más caro que metales preciosos,
más caro que diamantes en bruto;
más caro que el dolor en el luto,
más caro que mensajes borrosos.

Eso costoso te hace viajar liviano,
eso valioso te brinda una mano;
eso importante es un ser humano,
eso y más, sos vos hermano.

En poco tiempo me diste un motivo,
para seguir una batalla mortal;
ya que cuando escucho tu "Hey, ¿Qué tal?",
simplemente me hace sentir vivo.

El latir de UN VERSO

Rayo de luz

Se pinta tu silueta en las nubes,
mientras entre ellas suavemente;
te escapas volviéndome demente,
y a las alturas me subes.

Reflejo tuyo baña las costas,
entre mares preciosos;
siendo sueños brumosos,
aún en sendas angostas.

Jamás imaginando pintado el panorama,
en colores escarlata que penetran en el alma;
contemplando la hermosura de la calma,
al tomarte de la mano sentados en la grama.

Hechos comprobables con hechos,
que se muestran vibrantes y difieren;
que juntos brillan e interfieren,
haciendo los lazos estrechos.

Y viéndote entre flores de altramuz,
yo solo puedo decir que... Eres mi rayo de luz.

El latir de
UN VERSO

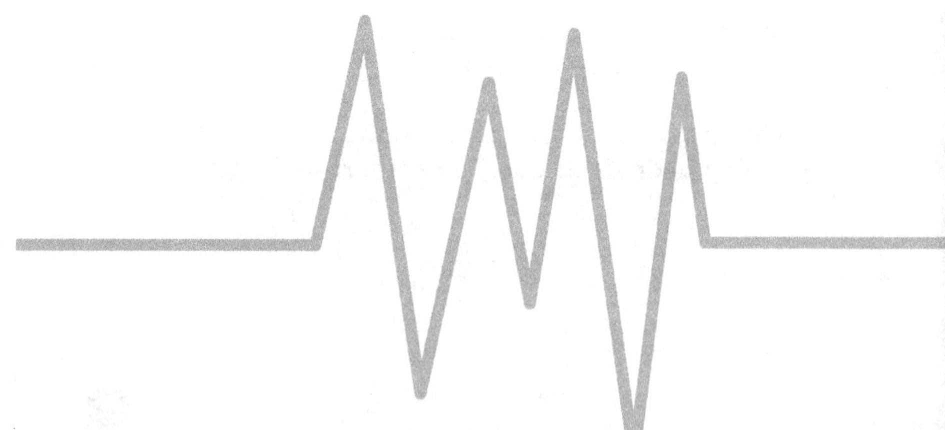

Se escoge

La vida es un festival de ilusiones,
donde hay que tomar decisiones.

Tu puedes cantar las canciones,
o solo escuchar corazones.

Se escoge ver la lluvia de lejos,
o bailar libremente bajo ella.

Se escoge la carrera que corres,
pero no en el puesto en que quedas.

Se escoge dar otra oportunidad,
pero no, si esta vez la aprovechan.

Se escoge tener amistad,
pero no siempre hasta donde se llega.

Se escoge si vivir en tinieblas,
o en la luz que dispersa las nieblas.

Se escoge siempre, se escoge todo,
pero de ningún modo, yo escogería diferente.

Si el mundo me llamase demente,
yo lo reto de frente, una decisión he tomado,
y es la decisión de escogerte.

El latir de
UN VERSO

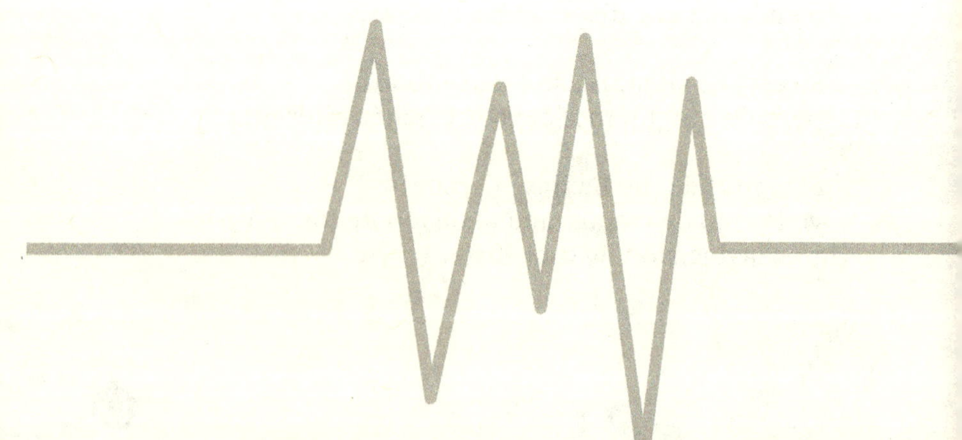

Brillas

Jamás imaginé que pasara otra vez,
encontrar a alguien que pintara a color;
que a todo lo insípido le pudiera dar sabor,
y de un día a otro, pusiera mi vida al revés.

No hay forma de describir entre líneas,
lo que puede provocar un abrazo;
no hay forma que dibuje en un trazo,
como puedes cambiar las horas mías.

Decirte lo que siento es sencillo,
si ya conoces mi corazón;
no debo buscar otra razón,
para decirte que emites un brillo.

Brillo que llena mi alma,
brillo que destruye tinieblas;
brillo que despeja las nieblas,
brillo que me lleva a la calma.

Y quiero cerrar esta poesía,
diciendo que siempre estaré en tu vida;
y por mucho que el riesgo yo mida,
siempre quiero que estés en la mía.

El latir de UN VERSO

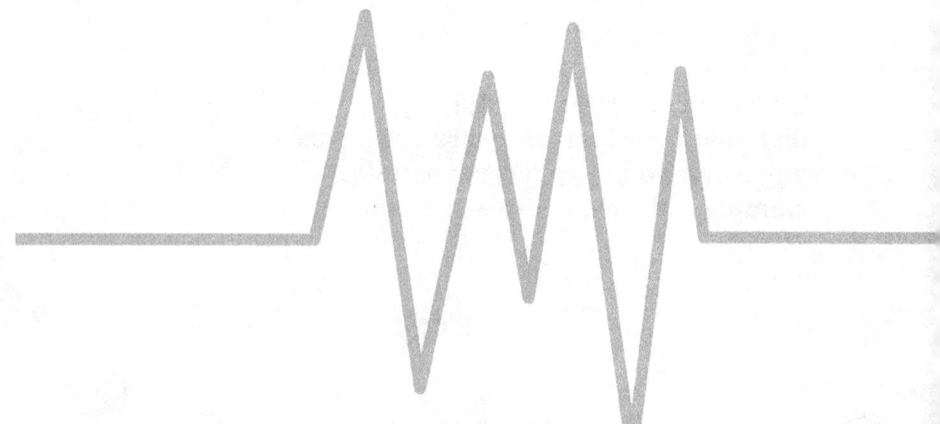

Vivir

Tu vida se ve llena de afanes,
que te roban la energía;
que en algún punto cambien tus planes,
es lo que suplicas cada día.

No tiene sentido perder el tiempo,
por vivir un estilo de vida;
siendo realista no me miento,
perdiendo el tiempo, pierdo la vida.

Si no hay tiempo para el silbar de aves,
o experimentar arena bajo los pies;
forzarte a entrar donde no cabes,
es no ser cortado siendo ya mies.

Si no hay tiempo para un café en la tarde,
o un baile al son de la lluvia;
sientes que poco a poco arde,
al saber que solo sobrevivía.

Vivir es un privilegio, hay que vivir contento,
vivir es una pasión que se vive intensamente;
se vive con emoción dejando los pretextos,
es así como se debe vivir eternamente.

El latir de UN VERSO

Así te necesito

Como la poesía en el alba,
o como el ojo de la tormenta,

Como café por las tardes,
o como el tulipán en primavera,

Como la sonrisa de un niño,
o como su voz susurrando,

Como el "gracias" de un indigente,
o como el pan recién horneado,

Como la compañía de un amigo,
o como el "te quiero" de un hermano,

Como el silencio en la meditación,
o como el sonido en mis venas,

Como tu mirada dulce y tierna,
o como tu olor quitando penas,

Como la sonrisa de día,
o como la seguridad por la noche,

Así te necesito, como todo,
y así te necesito mas que nada...

El latir de UN VERSO

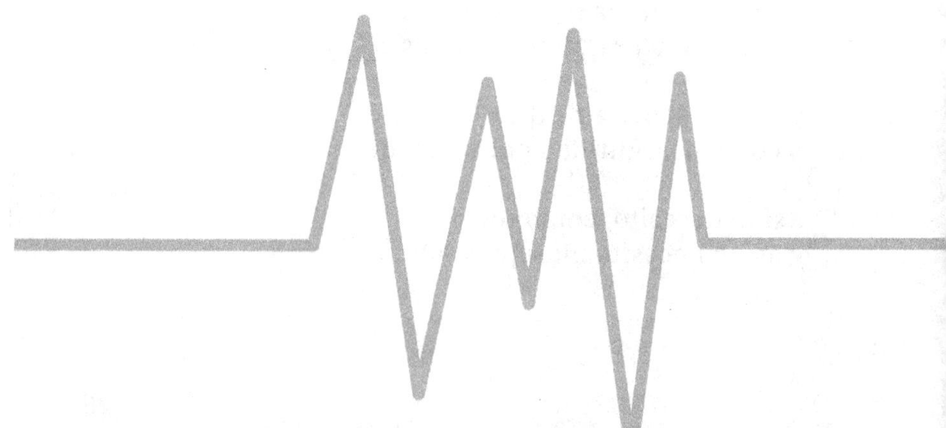

Alguien

Una silueta al oriente,
se asoma y provoca sonrisas;
por fuerte que soplen las brisas,
solo alegría se siente.

Un saludo de lejos,
te acerca poco a poco al momento;
de un saludo que trae aliento,
y quita de tu vida complejos.

Siempre existe ese alguien,
que provoca que se enciendan estrellas;
son esas personas tan bellas,
que nunca quieres que cambien.

Que cada pisada da paz,
y se hacen eternos paseos;
es como pedirle deseos,
a una estrella fugaz.

Siempre escriben la historia,
que sin duda despeja tormentas;
y sin importar lo que afrentas,
siempre queda en la memoria.

El latir de UN VERSO

Cuando

Cuando se acaba la tinta de la pluma,
y no hay palabras en la boca;
todo poeta se equivoca,
y todo artista se esfuma.

Cuando se acaban los momentos buenos,
y el compás llega a su fin;
el músico se siente en lo más ruín,
y el coraje se pierde entre los truenos.

Cuando la verdad carece de creencia,
y el pintor se queda sin lienzo;
veo y veo y por más que pienso,
el espectador se queda sin paciencia.

Cuando el sol se oculta entre montañas,
y el calor poco a poco se acaba;
ves que la ausencia de lo que quemaba,
promete algo y a veces engaña.

Cuando el amigo se siente abandonado,
y el payaso deja de sonreír;
el niño se suele aburrir,
y el resto se siente acabado.

El latir de UN VERSO

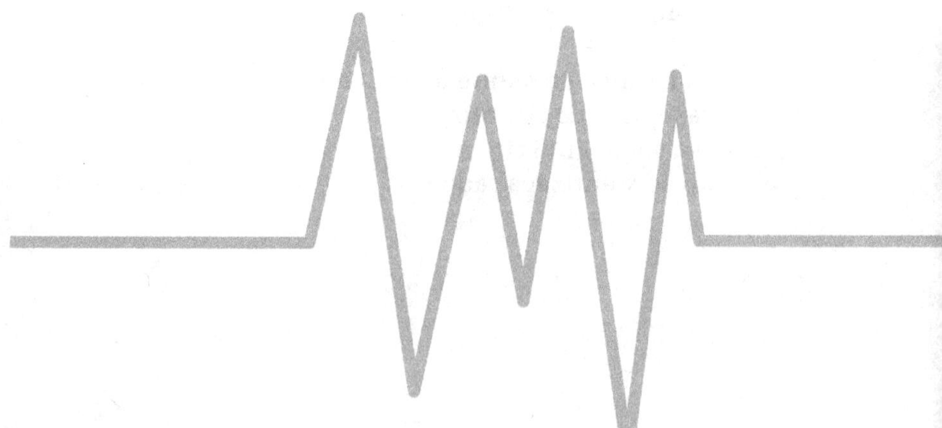

Alma Gemela

Alma gemela, alma hermana,
eres más grande que el cosmos,
y más suave que la lana.

Alma gemela, alma cercana,
eres más profunda que el océano,
y la que me impulsa en la mañana.

Alma gemela, alma color miel,
eres quien trae aliento a mi vida,
y sin importar si sufro lo más cruel.

Alma gemela, yo en otro cuerpo,
puedo ver que a mi lado eres perfecta,
y yo también soy perfecto.

Alma gemela, luz en el alba,
mi camino a tu lado es más fácil,
porque tu compañía me enalba.

Alma gemela, olor a laurel,
seguirte es sencillo,
porque se que tú eres la más fiel.

Alma gemela, yo en otro cuerpo,
prometo estar a tu lado,
sin importar el pasar del tiempo.

El latir de UN VERSO

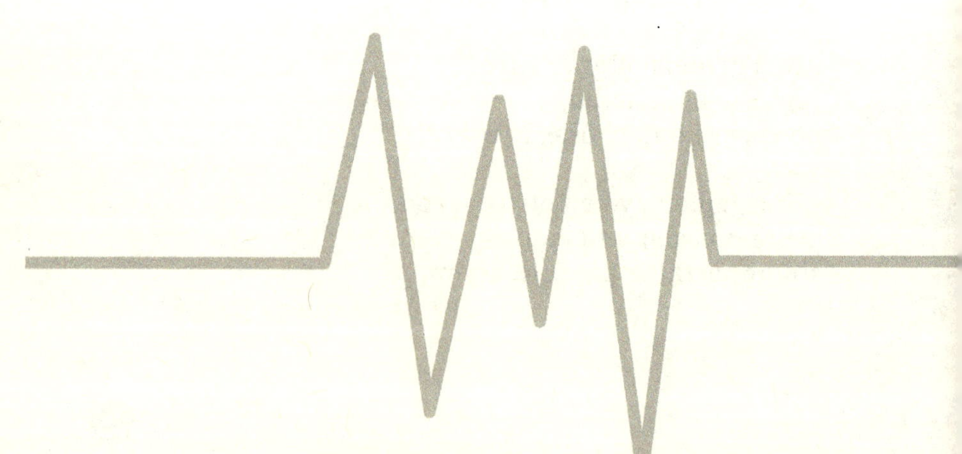

El poder de un verso

¿Cuánto poder existe en un verso?

Un verso que exprese:
te amo demasiado, y eres mi vínculo soñado.

Un verso que haga énfasis:
en el poder que existe cuando dos instrumentos
se unen a una misma melodía.

Un verso tan profundo,
que diga: ya no estoy abandonado, contigo
soy el más afortunado.

Un verso que grite al son del do,
del re, del la y de cualquier nota
disonante que se venga encima.

Un verso que pinte sin pintura, que dibuje sin idea,
que escriba sin un lápiz y que palpite sin corazón.

Un verso, que sea capaz de decir la verdad,
y la verdad es que sin tí, mi vida no tiene
razón de vivir.

¿Cuánto poder existe en este verso?

El latir de
UN VERSO

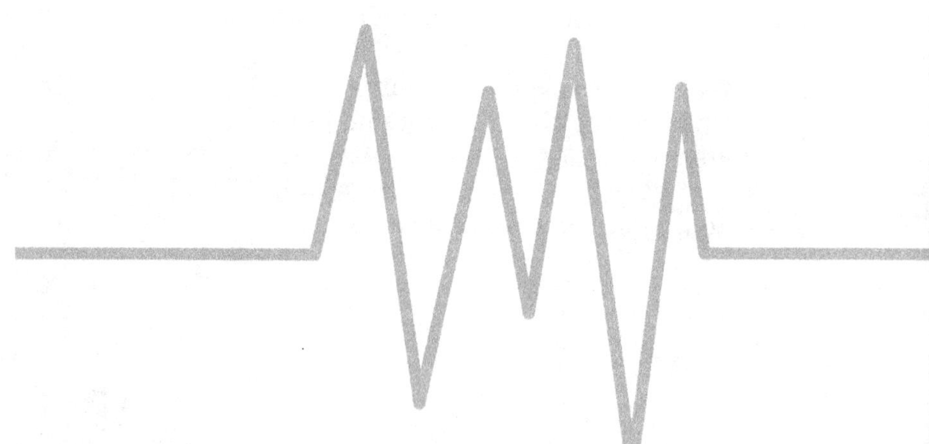

Si me tocara esperar

Si me tocara esperar,
esperaría que la estrella más lejana
dejase de brillar.

Si me tocara esperar,
esperaría que la barca contra la corriente
atraviese todo el mar.

Si me tocara esperar,
esperaría a que la maldad se empiece
a dispersar.

Si me tocara esperar,
esperaría a que galaxias cambiaran
de lugar.

Si me tocara esperar,
por agonizante que sea la espera,
esperaría por volverte a abrazar.

Sin duda, esperaría,
porque la pena valdría;
esperarte y de ti escribir otra poesía.

El latir de
UN VERSO

A solas

Se necesita un buen momento,
con la compañía de un buen café;
porque cuando de mí me alejé,
me hizo volver a estar contento.

Sorbo a sorbo reflexiono,
la inmensidad de mi mente;
que aunque sola se siente,
nadie más que Dios debe estar en el trono.

Con la pluma a mi derecha,
y la taza a mi izquierda;
no hay forma que la cordura pierda,
cuando con poesía el tiempo se aprovecha.

Versos con aroma a tostado,
frases con poco amargor;
endulzando el corazón del autor,
al estar solo con él sentado.

Suenan de fondo las rocolas,
amenizando un momento especial;
esta poesía tiene un tema esencial,
y son esos buenos momentos a solas.

El latir de UN VERSO

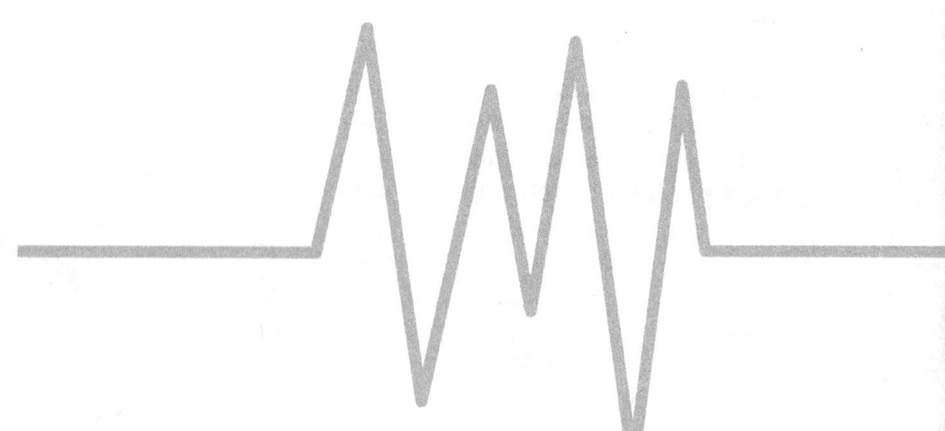

Tarde, justo a tiempo

Murmullos audibles que dicen disparates,
silencio eterno que retumba en los oídos;
frenesí en la pelea entre ángeles caídos,
locura que te envuelve con solo contar tres.

El corazón late, pero sin sentido los latidos,
la sonrisa se marca pero sin ser genuina;
cuando algo sale bien de repente se arruina,
y no tienen valor los momentos vividos.

Es un proceso que todos enfrentamos,
cuando estamos en el agujero más profundo;
cuando cada día te sientes moribundo,
y no hay respuesta por más que clamamos.

Pero hay soluciones tardías justo a tiempo,
cuando llega alguien y extiende su mano;
dejando tu corazón totalmente sano,
y en la música vuelves al tempo.

Hay sonrisas que le dan sentido a la tuya,
y corazones que laten por ti;
cualquiera puede volver en si,
al sentir que a pesar de todo alguien le arrulla.

El latir de UN VERSO

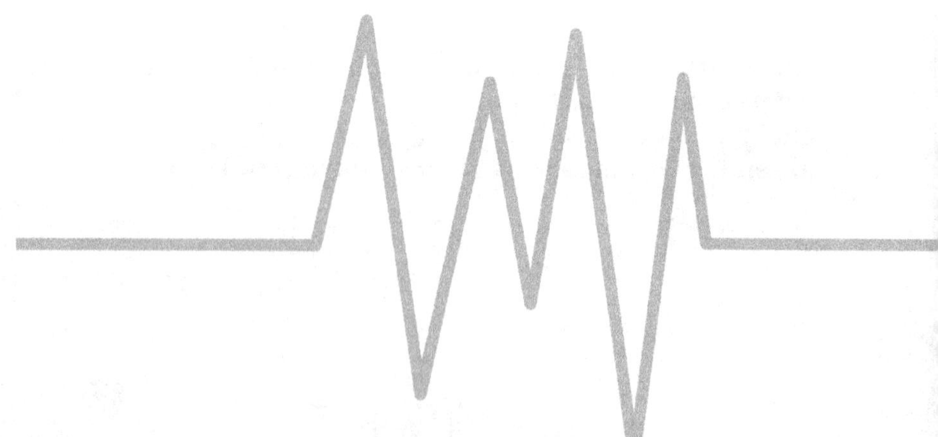

Una sonrisa

Una sonrisa despeja las olas,
de aquellos mares embravecidos;
con muchos ecos solo de ruidos,
y las notas musicales fluyen solas.

Una sonrisa demuestra amor,
cuando sale del fondo del corazón;
y puede romper el caparazón,
de aquel que nunca ha sentido calor.

Una sonrisa mueve montañas,
que parecen dificultades;
sumergido en las verdades,
es algo que cambia las mañanas.

Una sonrisa hace que el sol se derrita,
que la luna deje de brillar;
que los pájaros puedan callar,
y hacer que mi vida se repita.

Una sonrisa puede hacer que el mundo pare,
que no exista la gravedad;
que la mentira diga la verdad,
eso hace tu sonrisa, aunque no la idealizaré.

El latir de UN VERSO

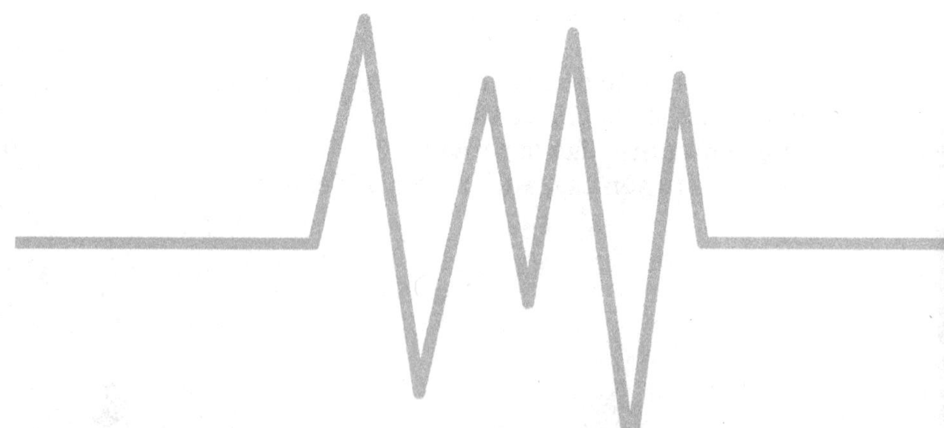

Los chats

Se suelen usar emojis,
para describir un sentimiento;
en cualquier lugar y momento,
sin mostrar ninguna cicatriz.

Una pantalla divide,
pero también puede unir;
¿Quien podría vivir?
si la distancia no se decide.

Si solo pudieras hablar,
por medio de palabras escritas;
tu sueles parar y meditas,
antes de presionar el enviar.

Nunca se acaban los temas,
de una eterna conversación;
desde darle play a una canción,
o pláticas totalmente extremas.

No todo es negativo,
cuando siempre se es genuino;
es como beber un buen vino,
ver a ese alguien en "activo".

El latir de
UN VERSO

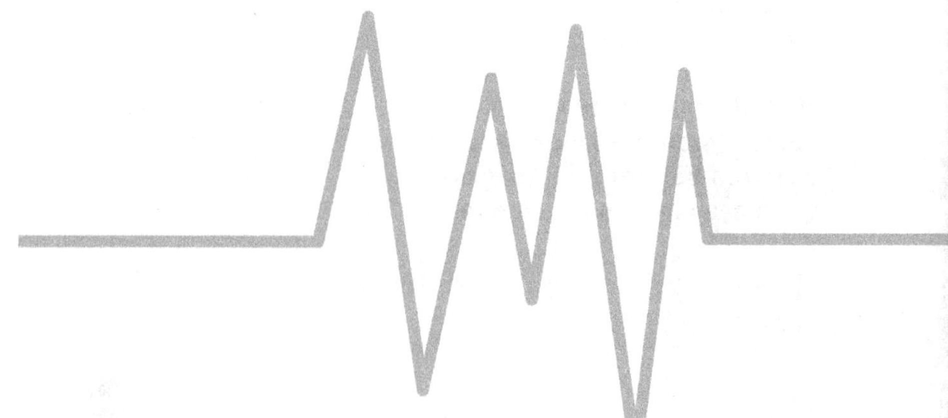

Mujer

Las mujeres son un poema vivo,
que riman al son del viento;
al ver su fortaleza solo siento,
que tienen un don nativo.

Don para hacer hermoso lo que no tiene sentido,
don para dar color al blanco y negro;
don para ver lo bueno y me alegro,
al ver que tienen el don de sacar todo del olvido.

Mujer, la existencia sin ti sería imposible,
y aunque no, nadie la querría;
eres quien da la delicadeza al día,
la creación más hermosa y eso es visible.

Mujer, eres el ser más frágil,
pero también el más fuerte;
quien lo discuta miente,
porque a cualquiera haces volver al carril.

Dejan de importar los medios,
para decir la verdad absoluta;
siendo la creación mas astuta,
eres lo mejor que creó Dios.

El latir de UN VERSO

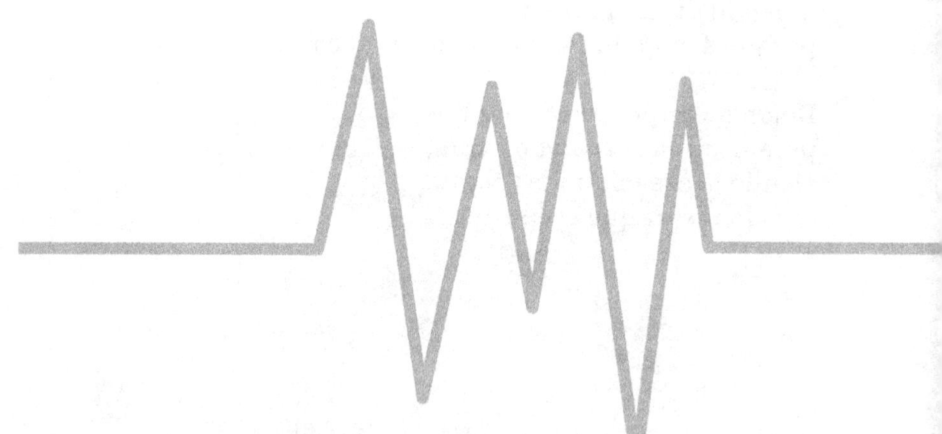

Destruye

Existe una fuerza destructora,
que hace caer imperios;
y aunque no parezcan problemas serios,
esperas que ya pronto sea la hora.

Destruye el prohibir un abrazo,
destruye el no decir un te amo;
destruye el no ver una mano,
o el apoyo de un brazo.

Un brazo que sea fortaleza,
en tu debilidad más grande;
y el dolor poco a poco se expande,
al perder de lo que tenías certeza.

El mayor destructor de los sueños,
son aquellas expectativas incumplidas;
o aquellas señales prohibidas,
que pasan a ser nuestros dueños.

Cuando el plan más grande se acaba,
y no tenías una contingencia;
solo buscas un poco de clemencia,
y aquella respuesta que tanto curaba.

El latir de
UN VERSO

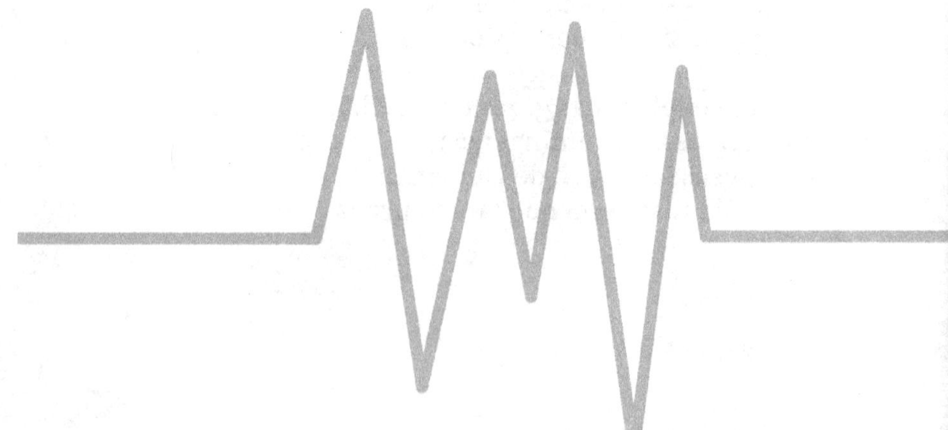

Te extraño

A pesar que no ha sido extenso,
el tiempo que no has estado;
sin duda me ha torturado,
porque solo en ti pienso.

Me pregunto como tu mirada,
pudo convertirse en todo;
y hacerme sentir en el lodo,
cuando de mí era apartada.

Porque no basta el amor que me rodea,
sino el tuyo que lleva al infinito;
y aunque lo intente, de mi mente no te quito,
pues eres quien me moldea.

Moldea mi ser buscando melodía,
no siendo una obligación;
pues se vuelve en voluntaria decisión,
al darle sentido a mi día.

No queda más que darme un baño,
dejando el agua fluir;
hasta que vuelva a vivir,
cuando vuelvas, pues... te extraño.

El latir de
UN VERSO

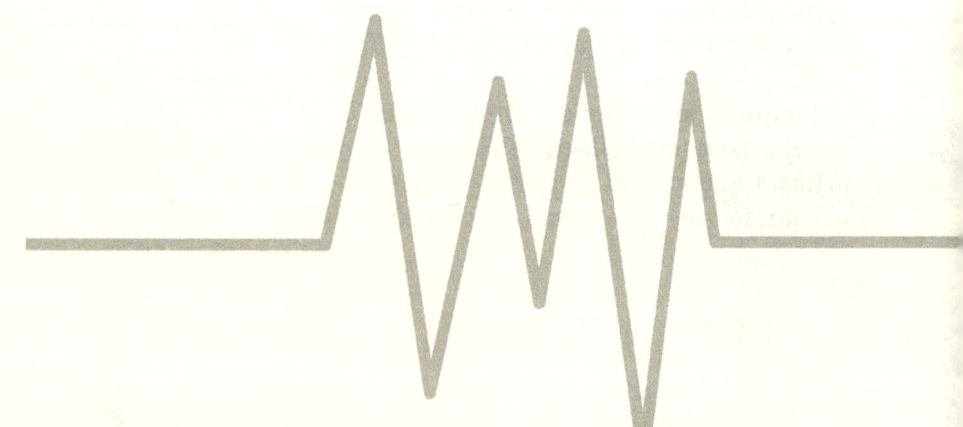

Pasión

No hay nada más hermoso,
que tener una pasión;
que te expande la visión,
y te hace sentir poderoso.

Porque cuando abres tu boca,
y expresas tus latidos;
se activan los sentidos,
haciéndote fuerte como roca.

Roca que soporta la tormenta,
y es inmovible con el viento;
donde paso a paso siento,
que hay mas energías de la cuenta.

Energía vibrante y palpitante,
que palpita más rápido que el corazón;
pues no soporta la emoción,
de metas mejores plantarte.

La pasión no son 5 letras solamente,
sino el sentido de vivir;
con ella es imposible sentir,
que la vida se escapa lentamente.

El latir de UN VERSO

Tempo

Mucho de algo es malo dicen algunos,
pero quizá ellos no consideraron algo;
que es lo que demuestra que yo valgo,
como esos abrazos o te amo oportunos.

¿Hay algún limite para amar?
¿O para dar un abrazo?
porque si es así, el limite yo paso,
pues no pienso volver a callar.

Aunque mi boca cierre por un tiempo,
mi corazón latirá mas fuerte;
hasta llegar convertirse en la fuente,
de darle a tu canción el tempo.

Tempo de sonrisa y de vals,
tempo de alegría y de danza;
tempo para bailar una salsa,
tempo para extender tus alas.

Culmino este verso diciendo,
que amar no es un error;
podría considerarse un horror,
si es callar lo que estas haciendo.

El latir de
UN VERSO

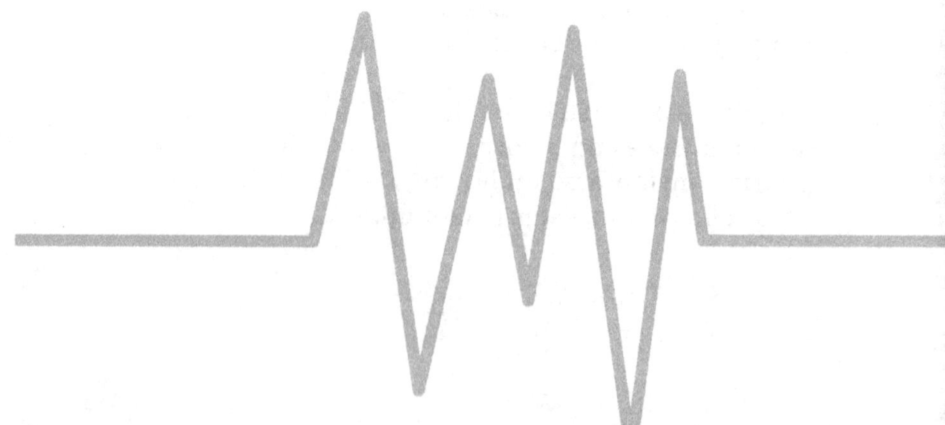

Una Poesía

Hay cansancios que valen la pena,
dolores que sufrimos que son necesarios;
situaciones que provocan sentimientos varios,
pero es antes que algo bueno entre en escena.

Cuando una mujer da a luz un hijo,
sufre los dolores de parto;
pero ella dice: lo malo descarto,
cuando ve a su bebé y descubre el acertijo.

El acertijo que dice que viene lo bueno,
después de un muy mal momento;
porque es donde termina el cuento,
y te comienzas a sentir pleno.

Puedes conducir en el camino negativo,
pero ese camino cansa aun mas;
a veces es bueno mirar atrás,
y observar que también hay algo positivo.

Concluyo mis sentimientos del día,
observando que es bueno el desierto;
porque al salir de él te hace vivir contento,
haciendo de tu vida... una poesía.

El latir de UN VERSO

Siempre habrá un mañana

Bajo el cielo estrellado se observa la estela
de tu día, llevando experiencia en su costado
y mostrando una bella melodía.

Por más estrellas fugaces que se vean al oriente,
las estelas son creadas con tu movimiento,
que se vuelve un complice y fiel pretendiente.

La luna por su parte hace armonía con las
galaxias, mostrando la grandeza de ser un un reflejo
y de querer serlo con ansias.

Mientras tú observas arriba sin saber lo que
pasa, ves hacia atrás y pierdes la confianza,
por más que el corazón dice: "avanza".

El día termino y no fue desperdiciado, porque
es peor el día que no puedes estar a su lado,
dejándote solo a ti mismo y desamparado.

Pero aun así, en lo más terrible que pueda
pasar y la mayor oscuridad que pueda
envolver la noche... siempre habrá un mañana.

El latir de UN VERSO

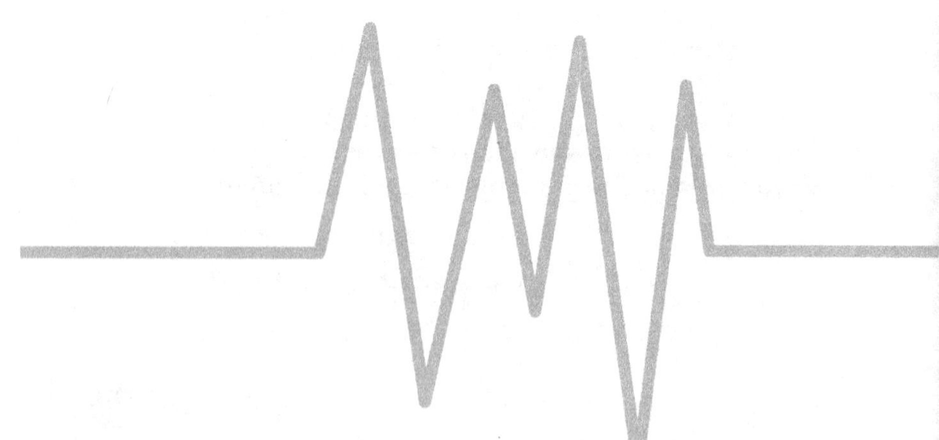

Empezar a vivir

El ultima día del mes primero,
puedo observar mi alma palpitante;
al tener que expresar un verso constante,
y sentir cada vez que me muero.

Muero entre abrazos del olvido,
cuidando mi alma de gritar más allá;
un mes llevo y ella no calla,
es mucho más lo que será vivido.

Largo recorrido que me dispuse a caminar,
pero bello en todas sus facetas;
pueden haber poesías secretas,
o libres que en viento pueden volar.

Sentimientos que se derriten entre letras,
pasiones esperando a ser escuchadas;
funciones aprendiendo a ser tratadas,
reparando en el alma todas las grietas.

Hermosa la vida que se puede decir,
y expresar libremente;
ver el ocaso lentamente,
y decidir empezar a vivir.

El latir de
UN **VERSO**

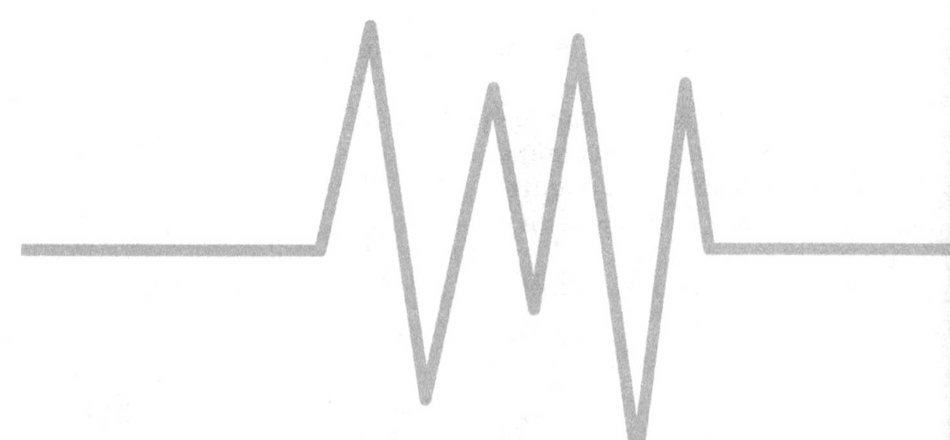

Ni a mi

No hay palabras que expresen
lo que un corazón descolorido grita,
pues todo da vueltas sin llegar a ningún lado
cuando sientes que se forma una grieta.

El mundo se vuelve abstracto
y tan difícil de descifrar como el código
binario, y ya nada suena en melodía,
ni si quiera el canto de un canario.

Los colores del arcoíris se aprecian
en escala de grises, cuando grito
desesperado rogando que regreses.

El canto más triste y el verso más
deprimente, lo escribo en la noche
en que me siento demente.

Demente al no entender en su mayor parte
las circunstancias,
como el hecho que el seguir siendo mi héroe
es algo que ya no quieres con ansias.

Porque cuando el todo era todo, cuando
el fuego era caliente y cuando la lluvia
refrescaba, era más descifrable, ahora
no puedo descifrarte a ti...
y tampoco puedo descifrarme ni a mi.

El latir de
UN **VERSO**

Hermanos

Hoy la pluma no esta solo en mi mano,
porque me acompaña la persona mas famosa;
me hace ver claro, en temporada brumosa,
y quien escribe el siguiente verso es mi hermano.

Hoy el verso será algo muy distinto,
pues él me acompaña y me da valentía;
juntos hacemos sonetos con mucha melodía,
y si lo hacemos es por instinto.

Así es y vuelvo, mi rima no se esfuma,
con él es totalmente diferente;
lo nuestro podría llegar a ser referente,
pero dejo que lo diga él, otra vez le doy la pluma.

En mi vida haz causado gran impacto,
por eso lo digo muy claro y conscientemente;
lo nuestro nunca llegará a ser indiferente,
y eso te lo juro, es un pacto.

De eso estoy seguro, esto no es vano,
porque eres mi hermano y fue mi decisión;
sin duda contigo son momentos de emoción,
y lo mejor es escribir a tu lado... mi hermano.

El latir de UN VERSO

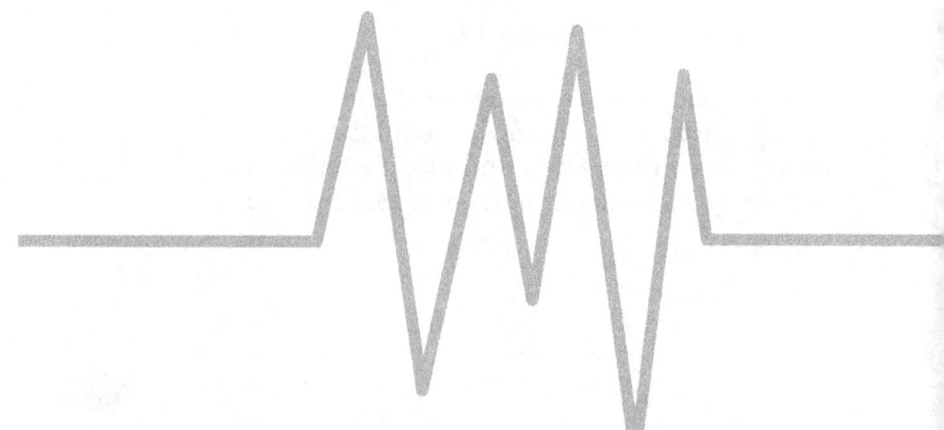

Luto

Hoy la tinta llora los versos más tristes,
porque las promesas parecen esfumarse;
es peor tu nombre en el corazón tatuarse,
cuando de repente desaparecen los chistes.

Lo que era una sonrisa motivadora,
se transformo en una tortura viva;
donde mi alegría totalmente se priva,
y se convierte en una historia desgarradora.

El amar lo vuelve más complicado,
porque estás dispuesto a que duela;
pero no es bueno pasar la noche en vela,
cuando no hay realmente nadie a tu lado.

El "Aquí estaré" se vuelve vano y vacío,
cuando al estar realmente no estas;
y duele más ver que poco a poco te vas,
en esta sequedad desearía el agua de un río.

Por mas esfuerzos no observo un fruto,
y ya no sé si seguir o parar;
al mundo hoy le quiero aclarar,
no es el fin... pero mi corazón esta de luto.

El latir de UN VERSO

La familia

La familia es un término muy conocido,
de personas que comparten su vida;
para donde veas alguien te cuida,
y se perdona cualquier error ocurrido.

La familia se traduce en lealtad,
de personas con un vínculo eterno;
que a pesar del tiempo de invierno,
con ellos no te duele ni la mitad.

La familia es el núcleo de la sociedad,
dicen en libros de sociología;
esto no se trata de biología,
sino de con quien ser de verdad.

Ohana significa familia,
dicen en una serie muy famosa;
la conexión es realmente hermosa,
pues nunca se abandona, ni se olvida.

Un abrazo es diferente,
una lágrima es diferente;
una vida es diferente,
porque con ellos, el corazón siente.

El latir de
UN VERSO

El tiempo

El paso del tiempo me ha demostrado,
quién vive y se queda a tu lado.

El paso del tiempo me ha enseñado,
que nadie vive eternamente destrozado.

El paso del tiempo me ha dicho,
que debemos amar a todos, hasta al más
pequeño bicho.

El paso del tiempo me ha hecho ver,
que lo único que todos queremos es crecer.

El tiempo ha pasado y han ocurrido cambios,
nada es eterno ni los sistemas binarios.

El tiempo no es el que sana las heridas,
pero si te da chance de buscar otras salidas.

El tiempo es un tesoro que cuando se pierde,
te das cuenta que el fruto no vuelve a ser verde.

Tienes vida, tu vida es tiempo, el tiempo hace
mucho por tí, pero eres tú quien debe hacer
mucho con el tiempo.

Cada suspiro, cada latido, cada abrazo,
cada te quiero y cada te amo es tu tiempo.

El latir de UN VERSO

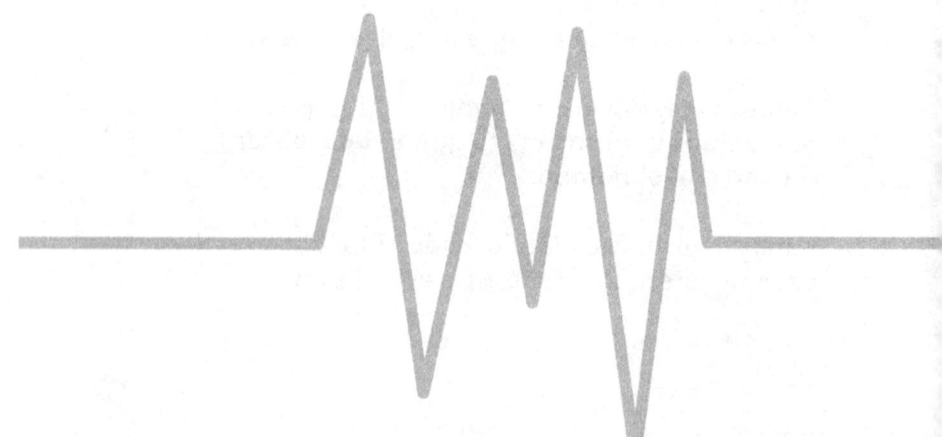

Charlas

Una charla con la persona indicada,
es lo que le puede dar sentido a un día;
saber que mi vida no es mía,
sino que en quienes amo esta repartida.

Mi corazón aunque se separe,
un fragmento de otro fragmento;
basta con parar un momento,
y decirle al mundo que se prepare.

Que se prepare porque juntos,
somos imparables;
se crean reacciones improbables,
y no existen los puntos.

Pues ningún momento, frase o poema,
llega a su fin absoluto;
no existe tiempo de luto,
solo amor para dar, es el lema.

Sonrisas que provocan aventuras,
y abrazos que destruyen tormentos;
son los más bellos momentos,
esas charlas que llevan a las alturas.

El latir de
UN **VERSO**

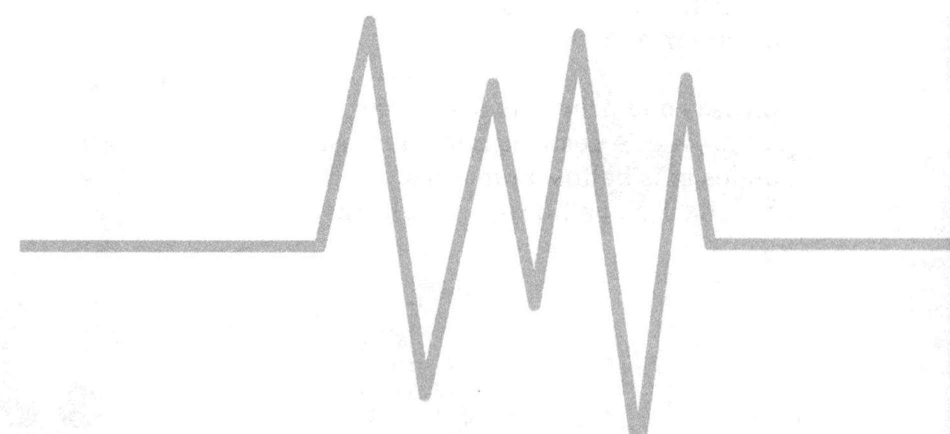

El mejor regalo

Los mejores regalos no siempre tienen caja
grande y no siempre lucen como los más caros.

Los mejores regalos no siempre cuestan
dinero y no siempre es algo que te pertenezca.

Los mejores regalos no siempre se pueden
presumir y no siempre se pueden revelar.

Los mejores regalos no siempre se pueden
corresponder y no siempre se ven como regalos.

Con el tiempo me he dado cuenta que el mejor
regalo puedes ser tu... tu tiempo, tu abrazo,
tu amor, tu compañía

La vida me ha dado un pequeño regalo que
ha resultado ser el más grande.

Un pequeño regalo que ha resultado ser el
mejor... tu... mi pequeño gran regalo.

El latir de UN VERSO

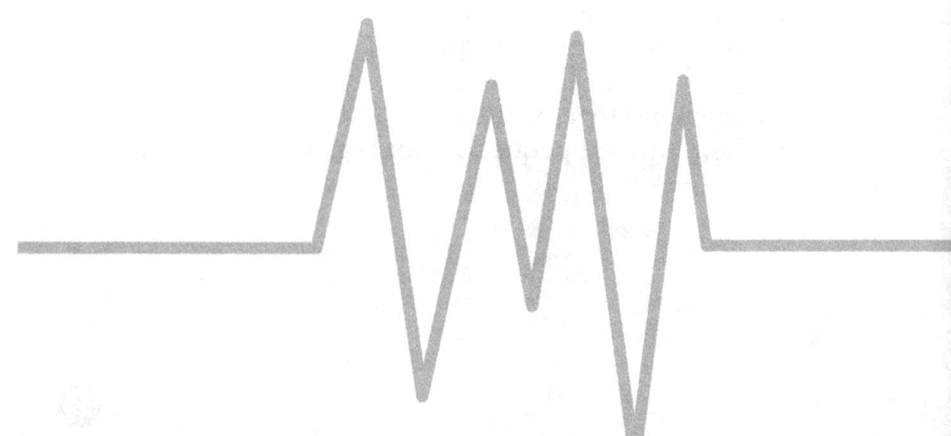

Imaginación

Siempre he presumido que contengo
una dosis enorme de imaginación.

Pero observo el tiempo y me doy cuenta
que hay limitantes que pausan la canción.

La más grande de ellas es cuando puedo
y no puedo imaginar.

Imaginar compartir contigo la vida entera
y en coro juntos poder cantar.

No me puedo imaginar un sistema solar sin sol,
la marea sin la luna y la noche sin estrellas.

No me puedo imaginar el espacio sin galaxias,
los mares sin el agua y el aire sin el viento.

No me puedo imaginar el bien sin el mal,
la naranja sin su otra mitad o el artista con
un sentimiento muerto.

No me puedo imaginar el payaso sin sus chistes,
los niños sin sonrisas y yo... sin ti...

No hay forma que me imagine mi vida sin tus
abrazos mi ser sin tus caricias y mi corazón
sin tus "te amo".

El latir de
UN **VERSO**

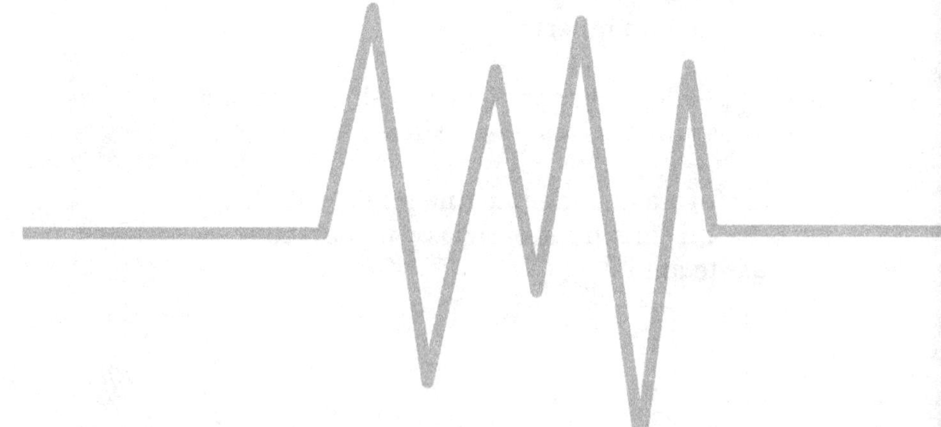

Después

Después de la tempestad la calma llega,
después de la noche el sol sale;
después el dolor la pena vale,
y después de llorar, el niño juega.

Después entendemos lo inentendible,
después reímos al escuchar el chiste;
después el mendigo de rey se viste,
y después podemos ver lo invisible.

Después de la tala, crece un nuevo árbol,
después de la caza se disfruta la comida;
después nos reímos de la experiencia vivida,
y después del disparo, se grita el gol.

Después vemos el tiempo perdido,
después nos arrepentimos si no actuamos;
después lloramos y no jugamos,
pues después lamentamos haber huido.

Nuestra vida no es solo el presente,
pues siempre hay un después que nos espera;
porque es cuando llega la primavera,
que el invierno ya no se siente.

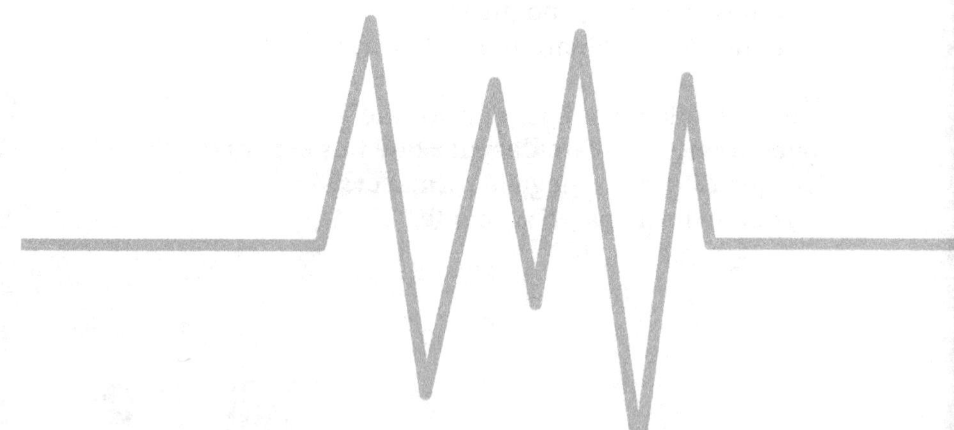
El latir de
UN VERSO

Círculo infinito

El mundo suele ser grande
si te sientes muy pequeño,

El mundo suele ser pequeño
 si tienes lo que necesitas,

Tienes lo que necesitas cuando tus
expectativas son reales,

Tus expectativas son reales cuando
has perdido ilusiones,

Has perdido ilusiones cuando
has esperado demasiado,

Has esperado demasiado cuando te
 has sentido vacío,

Te has sentido vacío cuando ignoras lo pequeño,

Ignoras lo pequeño cuando te sientes muy
grande, te sientes grande hasta que notas la
grandeza del mundo,

Y entonces te sientes pequeño y
empiezas a ver al mundo grande...

El latir de UN VERSO

Somos humanos

Experiencias nuevas llegan a nuestra vida,
nuevos sabores a nuestro paladar;
vivimos en un mundo lleno de culturas,
donde lo mejor, es el amor dar.

Hay mil fronteras que dividen la tierra,
pero no pueden dividir la humanidad;
porque si hay una sola verdad,
es que somos iguales a pesar de la guerra.

Sin importar raza, lengua o nación,
somos iguales, sentimos igual y vemos igual;
hacer diferencia me parece brutal,
pues todos cantamos la misma canción.

Una canción por libertad,
una canción para ser feliz;
una canción que dé otro matiz,
una canción que dé otra posibilidad.

Cuando los corazones palpitan,
de una misma manera;
tengo una confianza certera,
que las cosas negativas, se facilitan.

El latir de UN VERSO

Escribir poesía

Escribir poesía en el silencio del corazón,
es como pintar sin un lienzo;
es como correr sin comienzo,
o cantar sin canción.

Escribir poesía en la disonancia del pensamiento,
es como relatar sin una pluma;
es como las matemáticas sin suma,
o elevar un cometa sin el viento.

Escribir poesía con ruido emocional,
 es como dibujar sin papel;
es como un cachorro que no es fiel,
o los errores sin un daño colateral.

Escribir poesía acompañado de la soledad,
es como el cielo sin las nubes;
es como cuando bajas mientras subes,
o como disfrutar de luz en la oscuridad.

Escribir poesía sin un motivo,
es como el universo siendo pequeño;
es como vivir sin un sueño,
o como respirar sin estar vivo.

El latir de UN VERSO

Tortura

Verte para mi es una tortura,

Tortura por verte, pero saber que no
estaremos juntos cada segundo y que
tendremos que decir un "hasta luego",

Tortura por abrazarte y tener que soltarte
en algún momento sin poder permanecer
así por siempre,

Tortura por no poder expresar mi amor
realmente sabiendo que un "te amo" o
"te adoro" no me alcanza,

Tortura al despedirnos mil veces sin estar
preparado para verte cruzar la esquina,

Tortura al desear haberte conocido antes
y pensar que perdí el tiempo durante los
primeros años de mi vida,

Tortura al querer decir más y no encontrar
los versos para que entiendas que eres mi todo...

El latir de UN VERSO

Recuerdos

¿Cómo escribir en versos lo que en palabras
no puedo por un nudo en la garganta?

¿Cómo parar que fluyan las lágrimas de un
recuerdo alegre sumergido en añoranza?

¿Cómo decirle al mundo que los héroes
existen, pero no son para siempre?

¿Cómo gritar a los cuatro vientos que extraño
tus abrazos, tus "te quiero" o tus "te amo"?

¿Cómo le cuento a todos hace años en esta
fecha reíamos y bromeábamos?

¿Cómo parezco "normal" si los recuerdos me
atormentan haciéndome felizmente triste?

¿Cómo expreso en versos la forma en que
recuerdo tu sonrisa, tu voz, tu forma de ser,
tu fama y tus superpoderes?

Detesto tus recuerdos, pero los amo más que nada...

El latir de UN VERSO

Silencio

Hay momentos en donde no se necesita
nada más que... un silencio...

El latir de UN **VERSO**

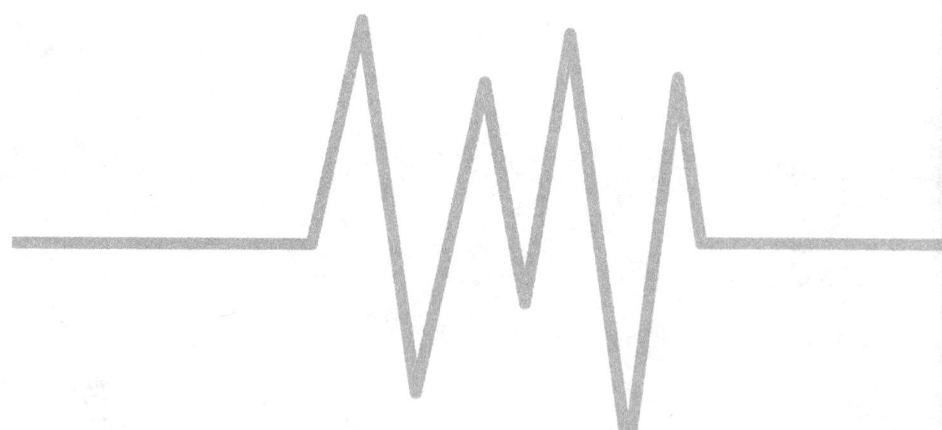

La respuesta

Al haber una respuesta hiriente,
tienes que decidir qué responder;
fácilmente todo lo puedes perder,
si dejas de lado el ser prudente.

Avivar el fuego no siempre es lo mejor,
será dependiendo a que te refieras;
si es por vivir la pasión de unas fieras,
o ser de canciones hirientes el compositor.

Tu boca puede ser el lugar para que habite,
o puede ser la razón de la destrucción;
no tienes que buscar otra razón,
basta con una respuesta negativa que se grite.

No permitas que tu lengua sea más rápida,
de lo que tu cerebro es capaz de ser;
lo mejor es juntos crecer,
hasta que usemos la misma lápida.

La lengua puede ser el proyectil que acabe el mundo,
o puede ser el reparador del mismo;
no importa la categoría del sismo,
cuando solo amor tienes en lo profundo.

El latir de UN VERSO

Exprésate

Un torbellino de sentimientos,
se reduce a la paz;
cuando te vuelves capaz,
de expresar que extrañas momentos.

Momentos donde una sonrisa basta,
momentos donde una palabra sobra;
momentos donde la más grande obra,
es cuando el orgullo se aplasta.

Un tsunami de sentimientos que ahogan,
se vuelven en una ilusión;
cuando vuelves a tener la pasión,
y vivir en amor es el eslogan.

No se aprecia la calma,
hasta que esta se añora;
donde ves que todo se evapora,
y poco a poco muere el alma.

Pero es sencillo recuperarla,
dejando de ahogarte en un vaso;
decidiendo dar el primer paso,
y esa soledad comenzar a expresarla.

El latir de UN VERSO

Lo mejor del mundo

¿Qué es lo mejor del mundo?
Para mí lo mejor del mundo es tu voz
sorpresa a través de una bocina,

Para mí lo mejor del mundo es una salida
a tu lado que parece no acabar,

Para mí lo mejor del mundo se encierra
en tus ojos al verme mientras sonríes,

Para mí lo mejor del mundo es provocar
esa sonrisa,

Para mí lo mejor del mundo son tus
palabras que penetran tan profundo,

Para mí lo mejor del mundo tu
compañía en la soledad, es tu abrazo
en el frío y tu luz en las tinieblas,

Para mí lo mejor del mundo es tu nombre,
Para mí lo mejor del mundo es tu existencia,
Para mí lo mejor del mundo es tu esencia,
Para mí lo mejor del mundo eres tú.

El latir de
UN **VERSO**

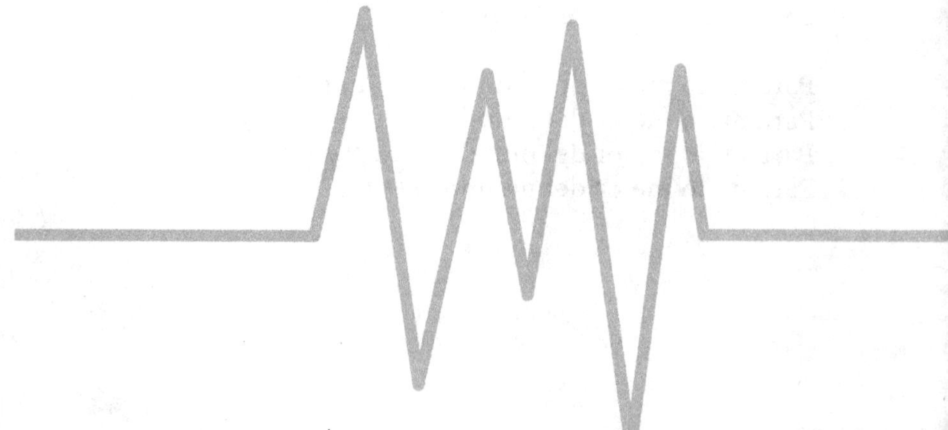

Escape

Los afanes nos envuelven en un círculo
vicioso que no se acaba con el pasar de soles,

Se vuelven irritables los corazones bondadosos
que no encuentran el escape de su rutina,

Se busca la salida, pero no se encuentra sin
darnos cuenta que nos acercamos a la ruina,

Ruina emocional de abatimientos innecesarios,
arrepentimientos de por vida,

Todos necesitamos reaccionar y disfrutar de lo
hermoso que el mundo ofrece,

Todos necesitamos darle un stop a la orquesta y
empezar con el sonar del piano,

Todos necesitamos a alguien con quien escapar
y vivir los juegos extremos del extremista universo,

Todos necesitamos un... escape.

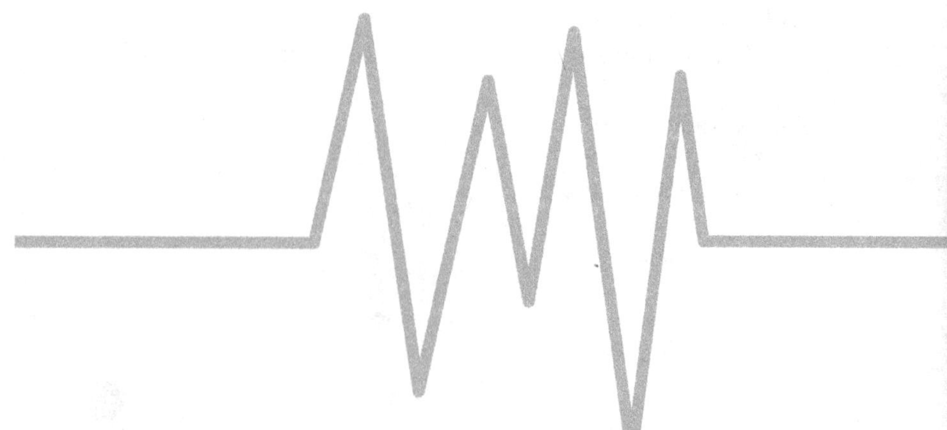
El latir de
UN VERSO

Las estrellas

Las estrellas son testigo
de tus besos amorosos,
las estrellas son testigo
de la pasión en tus abrazos,
las estrellas son testigo
que brillas más que ellas,
las estrellas son testigo
que tú eres la más bella.

Las estrellas son testigo
de los sueños compartidos,
las estrellas son testigo
de las fantasías alcanzadas,
las estrellas son testigo
que vivimos en un cuento de hadas,
las estrellas son testigo
de los dibujos de nuestras almas.

Las estrellas son testigo
de las mejoras mutuas,
las estrellas son testigo
de cuanto te amo,
las estrellas son testigo
de cuánto me amas,
las estrellas son testigo
de cuanto nos amamos...

El latir de UN VERSO

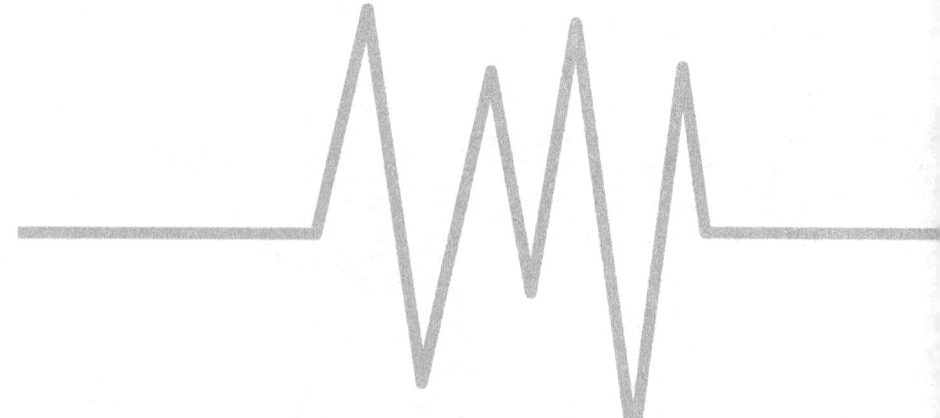

Amar y ser amada

Cada barca busca su mar,
y Cada pez su río;
cada persona busca amar,
y cada pájaro su nido.

Cada latido busca su corazón,
y cada pincel su lienzo;
cada murmullo busca razón,
y cada memoria cuando te pienso.

Cada ola busca la orilla,
y cada gota de lluvia tocar el suelo;
cada corredor busca ir otra milla,
y cada ave alzar vuelo.

Cada expectativa busca ser resuelta,
y cada esperanza ser permanente;
cada mujer busca verse esbelta,
y cada niño vivir sonriente.

Cada sueño busca ser cumplido,
y cada meta ser alcanzada;
pero si a mi alma algo le he prometido,
es que siempre... va a amar y ser amada.

El latir de UN VERSO

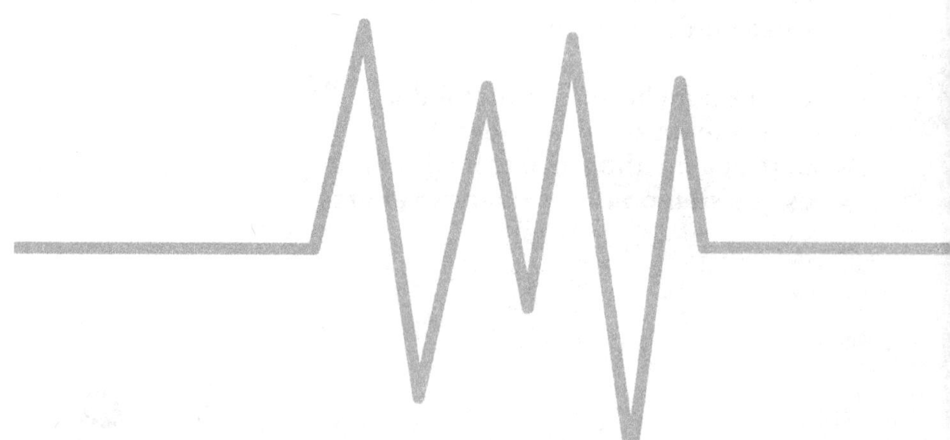

Cada uno

Cada historia tiene su comienzo,
cada vida tiene su aliento;
donde el amor, es el alimento,
y cada caricia la pintura del lienzo.

Cada mañana tiene la luz del sol,
y cada noche el acompañamiento de la luna;
pero la vida, se escapa como espuma,
si cada quien no asume su rol.

Cada momento malo tiene algo bueno,
y cada momento bueno genera una sonrisa;
que te hace no ir tan deprisa,
disfrutar todo, sentirte más pleno.

Cada persona tiene sus cercanos,
a los que ama más que a sí mismo;
y te sacan rápidamente del abismo,
pues es mejor cuando hay más manos.

Cada estrella guarda su lugar,
buscando hacer una función hermosa;
reflejando una luz maravillosa,
enseñando al mundo a amar.

El latir de UN VERSO

Gracia inmerecida

El último verso que late en este cuento,
es sobre aquel que da la verdadera esperanza;
que con su voz todo lo hace y lo alcanza,
déjenme mostrarles al autor del firmamento.

Yo soy el camino, la verdad y la vida,
dijo en un estado de locura;
mientras derramaba en todo el lienzo la pintura,
pintura de amor, que no hay forma que se mida,
pintura tornasol tono a Gracia inmerecida.

Dividió en dos la historia del planeta entero,
y partió mi vida pareciendo más pequeña;
pero el precio por mí es todo lo que enseña,
al decir que me ama cuando yo dije te quiero.

Oda al Rey de Reyes y Señor de Señores,
oda al que es adorado en las alturas;
oda a mi Dios desde las partes oscuras,
de mi corazón que quiere darle honores.

Él cambio mi vida y el sentido del vivir,
Él llego a mi vida y me enseñó a sonreír;
Él transformó todo y lo puedo repetir,
Él a cada verso le enseño a latir.

El latir de
UN VERSO

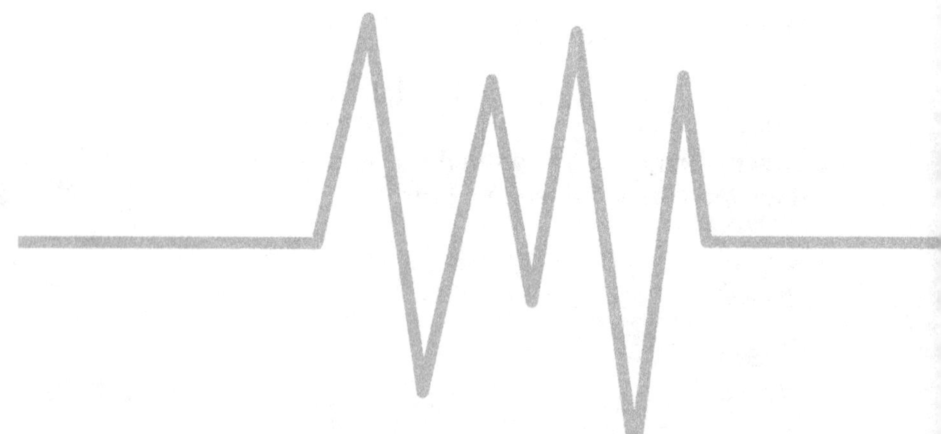